JN408886

| 제8회 〈세계문학상〉 수상 기념집 |

할매바람

김 성 훈 시 집

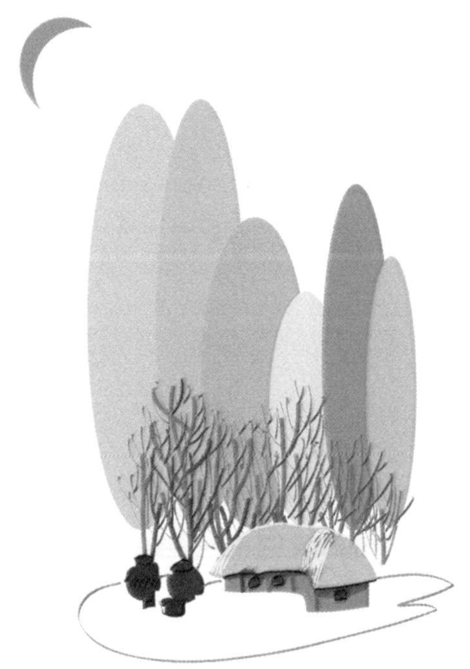

도서출판 천우

● 시인의 말

감히라는 말을 쓴다
시를 좋아하기에
시를 쓰고 싶은 마음 간절하기에

나를 스쳐간
시가 아닌
시가 되고 싶었던 것을 감히 모아본다

나의 시 속 할매는
영원한 벗이고
영원한 사랑이다

2013년 11월

제1부

할매 소원

● 시인의 말

할매 햇살 _ 13
할매 바람 _ 14
할매 고사리 _ 15
할매 바느질 _ 16
할매 심심초 _ 17
할매 소원 _ 18
할매 힘없어라 _ 19
할매 샘물 _ 20
할매 눈발 _ 21
할매 늙은 어미 개 _ 22
할매 아랫목 _ 23
할매 폐지 _ 24
할매 흰머리 _ 26
할매 밥맛 _ 28
할매 하루 시작 _ 29
할매 마지막 _ 30
할매 여심女心 _ 32
할매 수다 _ 34
할매 국수 _ 36
할매 원망 _ 37
할매 잠 _ 38
할매 가을 햇살 _ 39
할매 마지막 솜씨 _ 40
할매 오두막 _ 42

제2부

할매 혼자

할매 참기름 _ 45
할매 편지 _ 46
할매 나의 시의 주인공 _ 47
할매 고무신과 검둥개 _ 48
할매 주름살 _ 49
할매 생일 _ 50
할매 할미꽃 _ 51
할매 사계四季 _ 52
할매 장터 _ 53
할매 혼자 _ 54
할매 웃음 _ 56
할매 예쁜 옷 _ 57
할매 흔들리는 세월 _ 58
할매 굴뚝 연기 _ 59
할매 TV _ 60
할매 장醬맛 _ 61
할매 오늘밤 _ 62
할매 고기 _ 63
할매 낮잠 _ 64
할매 한잔 술 _ 65
할매 털신 _ 66
할매 작별作別 _ 67
할매 친구들 _ 68
할매 동지冬至 팥죽 _ 70

제3부

할매 욕辱

할매 미숫가루 _ 73
할매 총기聰氣 _ 74
할매 조용한 집 _ 75
할매 미역국 _ 76
할매 제일 어른 _ 77
할매 아파트 _ 78
할매 욕辱 _ 79
할매 커피 _ 80
할매 화롯불 농사 _ 81
할매 바다 사립문 _ 82
할매 화장化粧 _ 83
할매 나비 _ 84
할매 걱정 _ 85
할매 하늘의 선물 _ 86
할매 텃밭 _ 88
할매 별똥별 _ 89
할매 용서 _ 90
할매 씨돼지 _ 91
할매 가시는 날 _ 92
할매 한가위 _ 94
할매 고집 _ 96
할매 늙은 호박 _ 97
할매 똥개 _ 98

제4부

할매 기다림

할매 친정 _ 101
할매 겨울밤 _ 102
할매 보쌈 _ 104
할매 지게 _ 105
할매 목소리 _ 106
할매 마실 _ 108
할매 찬 서리 _ 110
할매 길 _ 111
할매 달력 _ 112
할매 휴대폰 벨 _ 114
할매 부침개 _ 115
할매 시집살이 _ 116
할매 기다림 _ 117
할매 무덤 앞에서 _ 118
할매 빈 의자 _ 120
할매 간식 _ 121
할매 병과 약 _ 122
할매 세월 _ 123
할매 빈 오두막 _ 124
할매 사진 _ 125
할매 치매 _ 126
할매 별빛 _ 128
할매 바늘과 실 _ 129

해설 | 연작(連作) 조술시(祖述詩)의 남상(濫觴) / 이수화 _ 130

제 1 부

할매 소원

할매 햇살

날 좋은 날 따가운 햇살
할매네 마당 진하게 비추어도
개가 닭 본 듯
닭이 개 본 듯

할매는 등 돌리신 채
무엇 그리 바쁘신지
눈조차 맞추어주지 않으시고

누구네 집 아이인가
문 열고 들어와
닭 쫓아다니고
개 피해 다니고

진하게 좋은 햇살
마당 끝 앉아
할매 아는 척 기다리다
할매 긴 외면에
참을 수 없는 졸음에 꾸벅 고개 떨군다

할매 바람

바람 부네

산 있어 산바람 불고
강 있어 강바람 불고
오두막 있어
할매 바람 부네

산바람 부니
소나무 바람 맞고
강바람 부니
조약돌 바람 맞고
할매 바람 부니
할매 세월 바람 맞네

바람 불고
바람 맞고
할매 세월 덧없이 흐르고

할매 고사리

장날 할매 앞 수북한 고사리
할매 품 팔아 할매가 직접
뜯고 삶고 말리고
할매 표 순 우리 고사리

젊은 새댁 중국 것 아니냐고
중국 것 짜장면도 싫어한다고
할매와 새댁의 실랑이
주름진 할매 얼굴 붉게 열 오르신다

몇 바퀴나 장 돌고 돈 새댁
시엄마 꼭 한국 고사리 사오라고 했다고
중국 것 사 가지고 가면 혼난다고

믿으라고 이 할매 믿으라고
주름진 손에 덤까지 듬뿍
할매의 정까지 새댁 장바구니로 옮겨 앉는다

반나절도 안되어
할매 표 고사리 동나고
할매의 넘치는 정은
새댁 장바구니 타고
편하게 장터 구경 신나 한다

할매 바느질

시집갈 날 받은
막내 누이 수繡 놓다가
빨강 피 떨어지니
붉은 모란꽃 환하게 피어나고

갓 시집온
새아씨 새 옷 짓다
붉은 피 떨어지니
눈물 함께 떨어지는데

길고 긴 밤
우리 할매
침침한 눈 비비시며
밤새 바느질하시어도
붉은 피 흐르지 않고
눈물 한 방울 없이
정성으로 꿰매어진
할매 수의壽衣 한 벌만
할매 무릎에 얌전히 앉아 있다

할매 심심초

강하고 강한 세상
약할 때 분명 있을 거라고
살기 어려운 세상
언제인가 쉬울 때도 있을 거라고

피울 줄 모르는 담배
빨았다가 뱉으시며 내놓으시는
할매의 넋두리
심심초 연기와 하나 되어 세상으로 날으며

세상의 독한 삶
할매 가슴 깊이 빨려 들어갔다
아름다운 삶으로
살기 좋은 바깥 세상으로 다시 태어난다

할매 소원

추워도 너무 추운 날씨
할매 군불 더 때지 않으시고
옷 한 벌 더 껴입으면 된다고
몸 조금 더 움직이면 열 오른다고
하시던 걸레질 한 번 더 하신다

긴 하루해 외로워진 할매
먼저 간 할배 생각나고
서울 간 아들 소식 그리워지면
깨끗한 걸레 빨고 또 빠시며
힘들면 외로움 저절로 잊혀진다고 웃음 지으시지만

밀려오는 할배 생각에는
할배 사진 바라보며
할배 먼저 오른 하늘 바라보며
정성으로 소원 빌기 시작하신다

어서 나 데려가라고
할배와 함께라면
그곳도 행복한 곳 맞을 거라고
정성으로 소원 빌기 시작하신다

할매 힘없어라

잠만 주무시던 할매
먹은 것 없어
아무 힘이 없다고

우리 할매
나이 먹을 만큼 먹었는데
이것저것 먹을 만큼 많이도 먹었는데
먹은 나이 어디다 감추시고
오늘 조금 먹지 못한 탓하고 계시나

먹어도 힘없을 나이
힘없어 서럽다고
지난달 틀리고 이달 또 틀리다고
내 주름살 보라고
팔다리에 살은 없고 가죽뿐이라고

주름살 펴지기 바라시며
통통하게 팔다리에 살 오르시기 바라시며
먹은 나이 다 잊으신 채
힘 있던 젊은 그날의 그리움만
오늘 먹지 못한 밥 한 그릇 아쉬움만
아직도 마음 속 강하게 품고 사신다

할매 샘물

주름 가득
할매 두 눈에 맺힌
이슬처럼 영롱한 것
눈물 아니랍니다

살아온 길고 긴 삶
지칠 대로 지쳐
마음속 깊숙이 숨어 산
삶의 진한 샘물이랍니다

눈 속에 맺힌 채
눈 밖으로 흐르기에는
할매 삶의 자존심 아직이라
떨어져 내리지도 못한 채

할매의 새하얀 머리카락 타고
삶의 괴로움 몽땅 보듬어 안고
이른 아침 이슬처럼 사라지려고
아주 잠깐 할매 눈가 매달려 있는
마음속 깊게 숨어 살던 할매의 진한 샘물이랍니다

할매 눈발

쏟아지듯 내리는 하얀 눈
할매네 오두막 에워싼다

바깥바람 사납게 매서워도
오두막 안 따뜻하게 버틸만 하다
할매와 함께 앉은 화롯불
새빨갛게 열 올라 데워 주시니

먼저 간 할배 생각하시나
슬그머니 떠오르는 할매 얼굴의 붉은빛

쏟아지듯 내리던 하얀 눈발
할매의 마음 알아챘나
서서히 힘을 잃어가며
에워싸던 할매네 오두막 떠나가니

외롭게 살아가던 할매 외사랑
먼저 간 할배 따라 하나 되고 싶어
하얀 눈발 따라 하늘로 오르려 하신다

할매 늙은 어미 개

할매네 햇살 좋은 마당
할매만큼 늙은 어미 개
편하게 누워 젖 물리고
이제 막 눈 뜬 새끼들
어미 젖 물고 뜯고 신이 났다

무엇이 급하신가 할매
내 젖 먹이지 할매 밥 먹이나
어제는 아랫집 할매
제일 실한 놈 한 마리 주시더니
오늘은 조카 불러 또 인심 쓸라 하신다

차라리 나를 보내지
할매라면 내 새끼 잘 키워 줄 텐데
이제 낳을 만큼 새끼도 낳고
할매가 먼저일까 내가 먼저일까
날짜 받기 경주만 남았는데
할매 후한 인심에
새까맣게 타버린 늙은 어미 개 마음 속
검정 재만 수북하게 쌓여 있다

할매 아랫목

저녁하고 남은 불씨에
할배 추우실까 솔방울 얹혀지니
할배 차지한 아랫목 쩔쩔 끓고
조금만 더 때시지 아깝다 멈춘 솔방울
겨우 냉기 면한 윗목 할매 차지하신다

이른 새벽
아끼지 않고 불 때 끓인 여물
든든히 소 먹이시고
할배 함께 밭일 내보내면
이제야 그 아랫목 할매 차지
집안 어른 순順
할배 다음 소
소 다음 할매

어이쿠 시원하다
절절 끓는 아랫목
그래 이 맛에 산다
아직은 조금 더 살아야겠다고
할매의 고단한 삶
잠깐의 뜨겁고 편안한 쉼 얻는다

할매 폐지

이른 새벽
할매 손에 이끌린
할매 손수레 새 식구들 만난다

나 어떻게 될까
끼리끼리 큰 걱정
동트는 것도 까맣게 잊고

걱정하지 마라
할매 죽어 내생來生에
아가 되어 다시 태어나듯
새 삶 얻어 다시 태어날 테니

비단결 닮아 얇고 향 좋은
꽃향기 화장지로
세상의 값진 것 모두 담을
커다랗고 든든한 상자로

할매보다
먼저 새 빛 볼 거다
할매는 아직이시니

세상에 뒹구는 헌 종이
아직도 한참 남았으니

이른 새벽 만난 새 식구들
마음 놓고 늦은 잠 청한다
동튼 해 하늘 끝 올라
손수레 끝 내려앉고 계시도록

할매 흰머리

흰머리 몇 개 뽑고
알사탕 사 달라고
할매의 흰머리는
어린 손자의 보물창고

흰머리 반半 검정 머리 반半
그래도 할매 웃음 지으며
속바지 깊게 깊게 숨겨놓은
오래된 쌈짓돈 나오셨는데

흰머리 값 폭락하였나
알사탕 값 폭등하였나
흰머리 뽑아준다는 손자가 없네

흰머리 뽑던 아이
세월 흘리어
할매의 그 흰머리
자기 머리로 옮겨 심었지만

함께 흐른 세월이
흰머리 뽑을 손자의 사랑마저
어디론가 흘려버렸나

사람만 옮겨 앉은
할매의 흰머리
뽑아 줄 손자 놈 없어
하얀 빛 그대로 아름다운 빛 잃지 않고 있다

할매 밥맛

밥맛 없다고
그래도 하루 세끼
다 비우시는 밥그릇
오늘 저녁은
무엇 얼마나 드실 건가

살려고 먹는다고
입이 소태처럼 쓰다고
잔소리 반찬 삼아
저녁 한 그릇 깨끗이 비우셨다
점심보다 더 담았는데

밥 버리면 벌 받는다고
옛이야기 하시며
밥맛 없어도 남기면 안 된다고
할매 숟가락질 더 바빠지시니

할매가 잃은 밥맛
여기에 있다고
높은 하늘 큰 웃음 짓고 계신다

할매 하루 시작

깊은 우물
두레박 오르는 소리
느리지만 멈추지 않는다
할매의 하루 시작한다는 소리

날밤 새우신
새벽 별 반짝이며
검둥개 깨우지만
귀찮다 자기 발에 고개 묻어버리니

할매의 하루 시작 오늘도 혼자이시다

할매 마지막

동네가 시끄럽다
할매 혼魂불 동네 떠났다고
어젯밤 붉은 불덩이
동구 밖으로 떠올랐다고

할매는 아직 웃고 계시는데
하얀 천 눈부시어
눈 감고 환히 웃고 계시는데

동네가 시끄럽다
원수처럼 얼굴도 보지 않더니
함께 술잔 부딪치며 깊게 취해간다
사실 만큼 사셨다고 그래도 편히 가셨다고

동네잔치 끝이 나자
동네 사람 가슴에 뚫린 큰 구멍
할매 계실 때 몰랐는데
할매 없으니 뚫린 구멍 크고도 크다

할매 마지막 가시며
스치듯 지나가신 당산나무 아래

뚫어진 흙 구멍 메꿀 수 있어도
뚫어진 마을 사람 마음 메꿀 수 없다

할매 보내고 잘 살 수 있을까
산 사람들은 그래도 산다는데
할매가 남겨주신 마음 구멍 속
할매의 정 담뿍 담아 놓고 가셨다

할매 여심女心

늘 아름답고 싶던
할매의 삶
단풍 꽃 피우신다

아직도 부끄러움 남아
아직도 아름다워지고 싶어
붉게 물드는 할매의 얼굴

여인으로 아름다움
오래오래 피우고 싶었는데

예쁜 단풍 빛
색깔 잃고
낙엽 되듯 사라지니

할매 두 눈에
눈물 맺히는 이유

할매 수줍은 얼굴
더 붉어지는 이유

아직은 조금 더
아름다움과 함께 하고 싶은
할매의 여심女心
할매를 등지고 떠나간다

할매 수다

할매만큼 오래된
할매네 마루
그만 그만 오래된 할매들
갓 시집온 새색시 예뻤던 시절
수줍게 말문 터트린다

술 좋아하던 낭군
그래도 속정은 깊었다고
큰딸은 시집 잘 갔는데
막내딸이 걱정된다고

할매들 힘들지도 않나
침 마를 때도 되었는데
지붕은 들썩거리고
기둥은 흔들거려도
할매들 조금도 힘 죽을 줄 모른다

얇은 귀먹은 우리 할매
잘 알아듣지 못하여도
그래 맞다 큰 손뼉 소리 내며
서로와 추임새 나누기 바쁘시고

할매들 가슴속 고였던 깊고 깊은 한
진한 침 되어 흘러도
한참을 침 닦지 못하고 계신다

할매 국수

길고 긴 가락처럼
오래오래 살고 싶다고
국수 좋아하시는 우리 할매

멸치 듬뿍 넣어 국물 내어
뜨끈한 국물국수 드시고
고추장 설탕 듬뿍 넣고
매운 맛 즐기는 비빔국수 드시고

국수 드실 때마다
국수 가락처럼
할매 삶 길어지리라 믿으신다

오늘 하루 세끼
국수만 드신 우리 할매
삼천갑자동방삭 되어 하늘 오르실 날 길게 미루셨다

할매 원망

멈추어 서기 바랐는데
아주 잠시 잠깐만이라도
나도 너도
더 간절하게 우리 할매는

아우토반을 달리는
무제한 속도의 자동차처럼
손들어도 세울 생각도 없이
원망도 모르는 척 빠르게만 흐른다

나보다 우리보다
할매는 더 간절하였는데
꽃 피고 꽃 지는 것조차
반기지 못하고 원망으로 가득하였는데

잠시도 멈추어주지 않는 세월
함께 걸으려 하니
할매 걸음 힘만 더 드시고
할매 원망 더 강하게 하늘로 오른다

할매 잠

잠자는 것 죽는 연습이라고
연습 안 해도
알아서 급히 와 주는 것이 죽음이라고

한 번 죽으면
다시 깨어나지 못할 것
할매의 부지런
잠자는 것 너무 아깝다 노래하시더니

잠자기 싫다고
죽는 연습하기 너무 싫다고
죽으면 없어질 몸
무어라도 하며 움직이라더니

별 되어 하늘 오르신 할매
밤새 쉬지도 않으시고
깜빡거림
하늘나라에서도 일등이시다

할매 가을 햇살

구멍 뚫린 문 종이 사이로
따갑게 다가서는 가을 햇살

햇살 타고 온
바깥세상 보고 싶어
할매 눈 뜨시고
바람 타고 온
세상 소식 듣고 싶어
할매 귀 열으시며
햇살에 몸 붙이신다

가을 햇살에 잘 여문
풍요로운 바깥세상
할매에게 힘을 주고
힘 받은 할매 마음을 다시 여신다

살짝 열린 문틈 사이
할매 숨소리 흘려보내며
세상아 아직은 나 여기 있다고
올겨울도 잘 보내고
내년 햇살 좋은 봄
꼭 다시 만나자고
할매의 꿈 나풀나풀 춤추며 가을 햇살 만난다

할매 마지막 솜씨

할배의 마지막
남에게 맡기기 싫다고
보이지 않는 눈으로
마음만큼 움직이지 않는 손으로
할매의 마지막 솜씨
멋지게 뽐내고 계신다

할매 자신은
입던 옷 그대로가 편하다고
할배는 깨끗한 새 옷
단정하게 입고 가셔야 한다고

촛불은 꾸벅 졸음에 빠지고
풀벌레도 잠에 취해
울음도 그친 길고 진한 밤
할매 홀로 지새우셨다

할배 밤하늘 별님 되시는 날
할매 솜씨 뽐낸 새 옷
단정히 입으시고 맑은 미소 짓고 계신다

밤새운 할매 바느질 솜씨 곱다 하시며
처음이자 마지막
고맙다 인사하시는 할배
할매는 마냥 좋아 두 눈에 사랑 맺히셨다

할매 오두막

하늘 아래 산 위 첫 오두막
굴뚝에 연기가 피어오르면
할매 할배 요기療飢라도 하셨다고
산 아랫마을 사람들
마음 쓸어내리며 서둘러 저녁 짓는다

오두막 집 할배
줄담배 말아 먼 하늘로 내뿜으시고
굽은 허리 할매
가마솥에 물 가득 붓고
덜 마른 솔방울 아궁이에 밀어 넣으시며
오두막 굴뚝 연기
억지로 하늘로 밀어 올리시는 중이신데

할매 할배
하늘 갈 날 언제인가
얼마 남지 않은 것 같다고
꼭 함께 가자
새끼손가락 걸며 약속하신다

노래 불러주는 산새 증인 삼아
꼭 이루자고 할매와 할배
세상에서 가장 아름다운 약속
하늘 아래 산 위 첫 오두막 가득 채우고 계신다

제2부

할매 혼자

할매 참기름

두 방울 너무 많다고
한 방울이면 충분하다고
아깝다 할매의 야단
서울 손자라 특별히 주는 것인데

참기름 고소한 냄새
오두막 덮고 흐르며
할매의 야단 밀어내니
할매 한 방울 더 인심 쓰신다

맛있게 먹는 서울 손자 귀여워
올 일 년 먹을 참기름
오늘 다 먹었다고
참기름병 광 깊숙이 숨어 자리 잡는다

할매 편지

오늘도 편지 쓰고 계신다
글 모르는 까막눈 우리 할매
먼저 하늘나라 오르신 할배에게

하늘 아래 땅 할매 쓰신 편지
땅 위 하늘 사는 할배
재미나게 읽으시며 즐거워하신다

마음으로 서로 통通하는
할매와 할배의 편지
하얀 구름 우표 붙여
바람 우체부님 정성으로 배달하신다

할매 나의 시의 주인공

주무시는 할매 깨운다
시 쓰자고

이제 허리 아파
장독도 닦지 못하는데
이제 나이 들어
텃밭도 매지 못하는데
무슨 시 쓰느냐고

할매는 그냥
모두가 시라고

앉아 계시면
앉아 시가 되고
누워 계시면
시도 누우면 된다고

오늘도
우리 할매
나의 시의 멋진 주인공
나와 함께 살아주고 계신다

할매 고무신과 검둥개

검둥개
긴 게으름 피우며
마루 밑 자리 잡고
하루해 보내다

댓돌에
벗어놓은 할매
검정 고무신
자기 것 만들어 본다

이빨로 물고
발톱으로 뜯고
커다란 구멍 만들고
아닌 척 시침 떼지만

할매는 다 알고 계신다
할매의 작대기질
검둥개 찾아 나서고
검둥개는 마루 밑 꼭꼭 숨어든다

할매 주름살

내려앉는다 밝은 햇살
산 넘고
내川 건너와
할매 주름살에

살아오며 받아 온
많고 많은 햇살
얼굴은 검다 못해
흙빛 띠시고

바람에 맞고
빗물에 맞은
메마른 할매 주름살
세월의 서러움 가득이라

억지라도 웃으신다 할매
주름살 펴지라고
내려앉은 세월의 햇살
어서 할매 떠나 다른 곳으로 가라고

할매 생일

시끌시끌
세월 흘러 다시 다가온
할매의 생일

앞집 조카며느리는 미역국
뒷집 친구는 오래 살으라고 백설기
할매 아침상 오랜만에 푸짐하다

생일상 위 생일 케이크
촛불이 몇 개인지 가물거린다고
대충 조금만 꽂자고
많으면 불 끌 힘 없다고
할매의 엄살에 한바탕 시원한 웃음 터지고

아들딸 없는 생일잔치
서울 사는 아들 전화는 왔느냐고
못 들은 척 고개 돌려 외면하시는 할매

아들 많이 바쁠 거라고
그래도 어미 생각은 많이 할 거라고
믿고 사시는 할매도
막아 세우지 못하고 흐르는 눈물
생일상 앞 누구도 본 척 못 하였다

할매 할미꽃

할매 무덤가
언제부터인가
딱 할매 닮은 듯 피어난 꽃

할매 하늘 오르기 전
할매가 손수 심으셨나
하늘나라 먼저 가신
할배가 정성으로 심어 놓으셨나

할매 하늘 오르셔도
할매 닮은 꽃으로
하늘 아래 세상 환히 밝혀주시니

동네 사람들 할매 닮았다고
할미꽃이라고 이름 지으며
할매 대신 바라보며 반갑다 웃음 짓는다

할매 사계四季

할매 마음
봄나물 캐고 계시는데
몸은 한겨울
매서운 바람 안고 사신다

할매의 마음
항상 봄 아지랑이 피어오르는데
고드름 되신 몸뚱어리
처마에 얼어붙어 움직임 싫다 하신다

봄 지나 여름 되어도
가을 지나 겨울 되어도

할매 마음 늘
봄 향기 그대로 가득이신데
여름 가을 다 지난 몸
차가운 겨울바람과 친구 하며 살고 계신다

할매 장터

장터 시끄럽다
뻥! 뻥! 뻥 튀는 소리와 함께

꽃무늬 몸뻬 꽃향기 피우며
오늘 내가 이 장터 최고다
아니다 뜨거운 국밥 최고는 나다
보이지 않는 장터의 심한 다툼

할매도 할배도
시장 도신 지 벌써 몇 바퀴
손은 계속 빈손
할배는 막걸리가 최고이고
할매는 손주 줄 알사탕이 최고

해는 서산으로 지는데
만지고 묻기만 하시다
파장 무렵 겨우 하나
할매 것도 할배 것도 아닌
손자 놈 줄 뻥튀기 한 봉지 손에 드셨다

할매 혼자

방문 살며시 열어본다
사립문 인기척 없지만
혹시 누가 왔나
오늘도 벌써 몇 번째

혼자 살아온 지 제법인데
이제 혼자가 더 편안하실 때도 됐는데
기다릴 누구도 없고
올 사람 없는 것도 분명 잘 알고 계신데

잿빛 하늘 차가운 바람에
매일 놀러오던 잡새도
오늘은 오지 못할 듯
서둘러 짙은 밤 되어라
할배 별 혼자서 마음껏 바라보게

진한 잿빛 하늘의 진한 훼방
할배 별 대신 하얀 눈 내린다
천천히 내려라 급히 내리다 다칠라
짜증 아닌 짜증 부리신다
할배 대신 찾아온 하얀 눈 다칠까

할매 오늘 밤 혼자 아니시다
잿빛 하늘에 숨은 할매 별 있고
할배가 내려주는 하얀 눈과 함께하시니

할매 웃음

항상 할매 웃고 계신다
웃을 일 없어도
울어도 함께 울어 줄 사람 없다고

길고 긴 세월
울고 산 세월 많아
얼마 남지 않은 짧은 세월
이제는 웃고 사시겠다고

오늘도 웃으신다 할매
주름진 얼굴
더 진하게 주름 지으시며

환하게 웃는 덕으로
슬프게 흐르던 세월
주름진 얼굴 타고
기쁘게 웃으며 흐르는 세월 되라 하시며

할매 예쁜 옷

아직도 빨간 옷이 좋다고
옷은 역시 꽃무늬가 최고라고
회색 민짜는 늙어 보인다고
아직도 젊고 예쁜 옷만 입으신다

아무 옷 쉽게 입지 않으신다
고르고 골라 예쁜 옷만 입으신다
남이 사 온 옷 마음 든 적 없어
평생 손수 새 옷 사러 가신다

옷이 날개라고
하늘 올라가시는 날
멋진 날갯짓하고 싶다고

고르고 골라
빨갛고 꽃 피어난 옷 입으시고
날개 달린 천사 되신 듯
환한 미소 짓고 계신다

할매 흔들리는 세월

흔들리는
할매의 지팡이
가을바람 버티는
낙엽 흔들림처럼
힘에 겨워도
흘러 온 세상 탓 원망도 하지 못하고

몇 수십 년
떨어지고 또 떨어지던 낙엽
밟고 짚으셨는지
빠져 힘없는 할매 이빨 닮은
제 모양 다 잃은 지팡이 끝

흐르는지도 모르게
흘러가는 할매의 세월
흔들흔들 빠르게도 흐른다

새 꽃 피는 새봄 만날 수 있을까
흔들리는 지팡이 의지하시고 세월 흘리며
그냥 웃고만 계신다 우리 할매

할매 굴뚝 연기

할매 오두막 굴뚝
놓친 연기 하늘로 오른다
오늘 맛난 것 하셨나
아궁이 데울 장작은 넉넉하신가

연기 오르니 좋다
오늘 할매 오두막
힘이 있다는 이야기
맛난 음식 하셨다는 이야기
오늘 밤은
뜨시게 주무신다는 이야기

굴뚝이 놓친 연기
할매 꿈 태워 하늘로 오른다
할매 소식 안고 세상으로 퍼진다

할매 TV

저놈 보소
잘 살던 마누라 놔두고
오늘 딴 년과 바람피우고 있다고
저 사람
며칠 전 착하게 살다 불쌍히 죽었는데
복 받아 다시 살아나 부자 되었다고

할매는 믿고 계신다
TV 속 사람들
죽으면 진짜 죽고
마누라는 진짜 마누라 맞고

세상이 말세末世라
어제는 어머니 하더니
오늘은 마누라 한다고
할매의 믿음 생각보다 강하다

힘들고 어려운 세상
진한 마음 나누며 살아온 친구
떨어질 수 없는 영원한 할매의 친구

할매의 TV 사랑 할배 바로 다음
할매 할배 따라 하늘 오르면
TV도 할매 따라 하늘 올라 꺼진 채 켜지기를 잊을 것이다

할매 장醬맛

할매네 장醬맛
우리 동네 제일
우리 모두의 자랑
길게 내려온 옛맛 그대로

겨울 또 겨울 넘기며 묵은 맛
모든 사람 그 맛의 비밀 알고 싶어하지만
절대 안 된다고
장독 신 부정 탄다고

할매의 시엄마 그 위
또 시엄마 시할매부터
물려받은 집안의 비전秘傳이라고
남에게 가르쳐 줄 수 없다고
며느리에게도 함부로 가르쳐 주지 않는다고

진한 장맛 물려 줄 며느리
함께 못 산 지 오래인데
명절에 얼굴도 보여주지 않은 지 몇 년인데
할매의 진한 한恨
장맛 속에 숨어 살고 있는 것 아무도 모르고 있다

할매 오늘밤

밤바람 심하니
밤하늘 더 진하고 더 어둡고
밤 벌레 노래는
더 아름답고 간절하게 밤바람 타고 흐르고

이 밤이 몇 밤째인가
이제 셈하기도 힘든 지나온 밤의 숫자
우리 할매
갑자기 이 밤 싫어지시니

밤바람 심하여
밤하늘 어두워
밤 벌레 노래 너무 아름다워
할배 생각만 강하게 더 진해지신다

유난하게 싫고 싫은
할매의 오늘 밤
눈 감으면 할배 얼굴 떠오를까
서둘러 눈 감고 잠 청하신다

할매 고기

맛은 최고인데 질기다고
그래도 할매
손과 입 바쁘시다

이가 없어서 먹기 힘들다고
그래도 할매 앞
고기 접시 깨끗이 비워진다

오랜만에 먹으니
속이 놀랐다고
화장실 들락날락
그래도 기분은 좋다고
정말 맛있게 먹었다고
생전에 한 번 더 먹을지 모르겠다고

할매 화장실에서도 웃으신다
비싼 것 맛나게 먹으니
화장실 냄새도 향기롭다고

믹고 싶은 것 실컷 먹으니
할매 기분 굳Good
얼굴은 그대로 마음만 웃고 계신다

할매 낮잠

잠자는 것
죽는 연습이라고
잠자는 것
그리도 싫어하시더니

낮잠 주무신다 우리 할매
짧지도 않게 길게
이제 할매도 연습하시나
이제 갈 때 되었다고 입방정 떠시더니

연습 끝내고 정말 가신 것 아닌가
할매의 낮잠 지켜보던 누렁이
안절부절못하고 불안한 마음
큰 소리로 짖기 시작한다

깨지 않는 할매에 걱정 커진 누렁이
침 잔뜩 발라 할매 얼굴 핥는다
눈보다 손이 먼저 깨신 할매
아직 손맛 매우시다

얼어맞은 콧잔등 아파 누렁이 끙끙거린다

할매 한잔 술

술 마시지 말라고
술 마시면 개 된다고
할배에게 하시던
할매의 잔소리
온 동네 사람들에게 이어진다

할매 술 마시는 날
일 년에 딱 두 번
먼저 간 할배 생일날 한 번
할배 하늘 가신 제삿날 또 한 번
할배 생전 술 많이 좋아하였는데
단 한 번 대작對酌 해 준 적 없었다고
하늘로 술잔 들고 건배까지 하시며

한잔 술에 취기 오르신 할매
기분 좋으시다고
오늘같이 슬픈 날
술 한잔하니 기분 좋다고
많이만 마시지 말라고
적당히 마시라고
술에 대한 잔소리 잊지는 않으신다

할매 털신

찬 바람 불기 시작하니
할매 서둘러 찾는 털신

올겨울마저 신으시면
벌써 몇 겨울 넘기시나
남은 털도 별로 없어
첫 수염 나는 손자 녀석
드문드문 난 턱수염 같은데

그래도 이놈이 따뜻하다고
올겨울 보내기 걱정 없다고
우리 할매 겨울 준비 끝나셨다

털신 속에 들어간 할매의 맨발
내년 꽃 피고 봄바람 불어도
그대로 그 속 버티며 지내다
늦은 봄비 이른 여름비 오는 날
잠시 잠깐 맨발 그대로
검정 고무신으로 피서 나오듯 오셨다
다시 털신으로 가시기 이미 몇 봄 몇 겨울째이다

할매 작별作別

할매의 오랜 친구
도회지 아들 집 가서 산다고
그리도 좋아하더니

상여 타고 고향 오신단다
살던 동네 들르지도 못하고
바로 뒷산으로 가신단다

만나러 간다는 할매와
말리는 동네 사람들
친구 가는 길 보면
할매도 가고 싶어진다고
그냥 계시라고 할매와의 실랑이

할매 마음 아무렇지도 않은데
뒷마당 텃밭 매줄 때 되어
누렁이 밥 줄 사람 없어
할매 마음 정말 아직인데
동네 사람 걱정 바쁘게 앞서갔다

할매 친구들

누구네 칠순七旬
잔칫상 상다리 부러져 나간다고
자식 한 지붕에 산다고

누구네 집 팔순八旬
연락도 없다고
자식 모두 외지外地 나가 산다고

우리 할매
칠순 팔순 모두 지나셨는데
우리 할매는
흐른지도 모르고 흘려보낸 시간인데

할매 친구들
자식 잘 둔 덕에
상다리 휘어지게 잔칫상 받고
자식 잘못 두어
사람들 뒷소리 배불리 먹고

구십 넘어 사는 나도 있는데
칠순 팔순 잔치 별것도 아닌데

사람들 입만 쓸데없이 바쁘다고
아직 어려 세월의 진정한 맛 무엇인지도 모른다고

그냥 웃고 넘기시는 우리 할매
어느 친구는 조금 부러워
어느 친구가 많이 안타까워

할매 동지冬至 팥죽

빨간 동지 팥죽
할매 힘들여 넉넉하게 한 솥 끓여
귀신 내쫓는다고
대문에 뿌리시고
부엌문 앞 뿌리시고
장독대까지 고루고루

아깝지 않으신가
밥풀 하나도 아까워하시는 할매인데
대문 것은 도시 사는 아들네 몫
장독대에 뿌린 것은 앞마을 큰딸네 몫

우리가 모르는 이유 있었다
빨간 동지 팥죽 아끼지 않은 이유
올해 동지가 마지막이라고
내년에는 하늘에서 웃고 계실 거라고

할매 마음에도 없는 거짓말하시며
붉은 동지 팥죽 맛나게 잡수고 계신다
서울 아들 몫까지
앞마을 딸네 몫까지

제3부

할매 욕辱

할매 미숫가루

묽게 타라고
되게 타면 먹기만 나쁘다고

오늘은 되게 타라고
어제는 묽게 타 오줌만 마려웠다고

되도 안 되고
묽어서도 안 되고
딱 맞게 타야 한다고

오늘
할매의 미숫가루
묽다 되다
할매 변덕 쫓아 맛만 잃었다

할매 총기聰氣

글씨 모르시는 우리 할매
자기 이름 쓰기 힘들고
1, 2, 3, 4, 겨우 아신다
100까지는 힘들고

그래도 할매
어른 제사 놓치지 않으셨다
아랫사람 생일
꼭 챙겨 따뜻한 밥 한 그릇 지어주셨다

연필로 글 써서
기록하지도 않아도
총기 좋으신 우리 할매
평생 한 번도 놓친 적 없으시다

전자수첩에 입력하고
달력에 빨강 동그라미 쳐 놓고
아차 넘기는
요즘 사람과 분명 다르시다

우리 할매 총기
아직 젊은 사람보다 낫다

늘 배우며 세상 살아가도
총기 있는 할매 세상살이 누구도 따라갈 수 없다

할매 조용한 집

이제 조용한 집 되어버린
시끌하던 할매 오두막

외양간 늙은 소
할배 가고 바로 떠나보내고
아침 일찍 알 낳아주고
바쁘게 모이 쪼던 씨암탉
이 집 저 집 인심 써 버리고

늙은 누렁이가 난 새끼마저
오고 가는 사람 손 타 버리니

이제 이 집에 남은 것
할매와 늙은 누렁이 그리고
매일 놀러 오는 참새들

할매 옆 함께 있고 싶어
누렁이에 쫓기어 왔다 갔다
손님 아닌 식구 되어 시끌 대신하여 준다

할매 미역국

할매 생일상
꼭 보여야 할 미역국 없다

미역국 끓여 먹이던
아들
딸
요즘 누구도 미역국 끓여 먹이지 못한다고
할매 당신 생일
미역국 끓여 먹기 싫다고

내가 낳은 자식 생일
미역국 끓여 먹이지 못하면서
내 생일 나만 끓여 먹을 수 없다고

속마음은
나이 한 살 더 먹기 싫어 아닐까
아무도 알 수 없는 할매 마음

올 할매의 생일도
죄 없는 미역국이 덤 쓰고 넘어간다

할매 제일 어른

우리 할매
우리 동네 제일 어른

좋은 것
새로운 것
할매에게 먼저 보여 드리며

드셔 보시라고
먼저 하나 가지시라고

할매 아니라고
나는 싫다고 너희 다 가지라고

우리 동네
최고 어른 우리 할매
받는 것은 어른 안 하시고
베푸는 것만 어른 하신다

할매 아파트

넓고 살기 좋아도
우리 할매 별로라고
아니 조금 많이 싫다 하신다

할매는 오두막이 딱이라고
까마귀 우는 아파트보다
참새 부리 방아 찧고
나비 춤추기 좋은 오두막이 딱이라신다

뜨거운 물 찬물 마음대로 나오는 수고보다
겨울에는 알맞게 따뜻하고
여름에는 알맞게 차가운
깊은 우물 속 두레박 타는 물이 물 같은 진짜 물이라고

옆집 누가 사는지도 모르는
시멘트 감옥 속 아파트보다
낮은 흙담 넘어 얼굴 올라왔다 내려가는
오두막이 제대로 사람 사는 곳이라고

아들 손자 좋고 좋아도
아파트보다는 오두막에서
사는 것처럼 사는 것이 더 좋다 하시며
할매 가출 보따리 싸고 계신다

할매 욕辱

좋아도 거시기 같고
마음 들지 않아도 거시기 같고
거시기 같다가
할매 욕辱 전부

어떻게 아셨는지
누구에게도 배우지 않았는데
정확한 뜻
할매도 모르고 계시는데

그래도
할매의 거시기는
반갑고
고맙고
사는 맛 알려주시는 할매의 큰 욕

우리네 사는 인생 정말 거시기 같아
우리 할매
거시기 거시기 욕처럼 하고 계신다

할매 커피

커피 작은 숟갈 반의 반
설탕 큰 숟갈 수북이 두 번
그래도 쓰다고
이리도 쓴 것 왜 마시느냐고
오늘 밤 잠자기 아예 틀렸다고

커피보다 숭늉이 맛난다고
숭늉의 쓴 뒷맛이 구수하다고
커피 마시는 사람 앞
할매는 뜨거운 숭늉 마시고 계신다
나처럼 오래 살고 싶으면 숭늉 마셔라 하시며

할매 화롯불 농사

재에 너무 묻히면 불 꺼진다고
춥다고 너무 내놓으면 이 밤 날 수 없다고
몇 개 되지 않는 불씨에 온몸 맡기신 채
긴 겨울밤 화롯불 농사 짓고 계신다

타지도 설익지도 않게
단맛 나게 구워 주시는 고구마
매서운 찬 바람 부는 긴 겨울밤 이겨내는
할매의 화롯불 농사 최고의 수확

그믐달 뜨고 부엉이 진하게 우는 긴 겨울밤
화로 옆 할매의 정다운 옛날이야기
차례로 감기는 눈 비비며
옛날 옛적 호랑이 만나러 가는 손자들

할매는 혼자 화롯불과 이야기 나누신다
어린 할배와 달콤하던 첫날밤 사랑 이야기

함께 밤새워준 화롯불의 따스함
밝이 오는 아침 햇살보다 차가움 느껴져도

할매 바다 사립문

파도소리 들린다
낮은 사립문 넘어

사립문 높으면 아름다운 바다
그냥 문 앞까지 왔다
그냥 갈 것 같다고
낮고 낮게 만든 할매네 사립문

쉽게 넘어온 푸른 바다
할매와 하루해 보내다 가신다

할매는 가지 못하는 바다
바다가 대신 할매에게
낮고 낮은 사립문 넘어
파도소리와 함께 마실 왔다 가신다

할매 화장化粧

할매 분명 여자 맞는데
그 옛날 고운 시절에도
분粉 바르고 치장한 기억조차 없다고

평생 바른 분 얼마나 되실까
스스로 사서 발라본 적 없이

딸 키우니
자기 혼자 바르기 미안하다고
한 두어 번 발라주고

갓 시집온 며느리
자기 것 사면서 미안하여 사온 것
어느새 다시 가져가 자기 얼굴에 바르고

할매의 얼굴
화장과 멀리 떨어져 살아온 순수의 생얼

할매는 오랜 시간 그대로
거짓 없이
꾸미지 않고
선善하고 순純하게 태어난 그대로 살고 계신다

할매 나비

할매의 장독대
홀로 춤추는 나비
먼저 가신 할배이신가

텃밭에서
부엌에서도
춤추며 할매 뒤만 따른다

어서 가라고
나도 곧 갈 테니
할매 쫓아 보내도

할매의 비녀 끝
살며시 내려앉는다
할매 내음 정겹다 하시며

할매 걱정

놓을 것 다 놓으셨는데
아직 남은 큰 걱정 하나

나 죽어 하늘나라 가는 것
조금도 걱정되지 않고 반가운데
나 죽어 하늘 오르면
저 누렁이 누가 돌보나
내가 주는 밥 아니면 입도 대지 않을 텐데

할매 죽어 하늘나라 가기 전
누렁이 먼저 죽는 게 낫다고
누렁이 장사 치러 주고 할매 하늘나라 가야 한다고
할매의 커다란 걱정 하나 남아
하늘나라 오르실 날 잡지 못하고 계신다고

식탐食貪 많은 누렁이
죽어서 개 아닌 사람 되어 태어나라고
얻어먹는 사람으로 태어나지 말고
실컷 먹을 수 있는 식당 주방장으로 태어나라고

할매 진한 걱정
누렁이는 아는지 모르는지
편한 잠 들어 있다 할매 바로 앞에서

할매 하늘의 선물

계속 주시던 선물
며칠 조용하다
어둡고 진한 잿빛 하늘뿐

반짝이는 별빛 분명
할배의 선물이었는데
할매보다 먼저
하늘 올라간 미안함에
하루도 거르지 않고 주시던 선물인데
며칠 꾀부리신다 선물 주기 잊으셨다

무슨 일 있다고
할매의 큰 걱정
잊은 것 아니라고
어디 많이 안 좋은 것 같다고
아니면 이런 일 없을 거라고

선물은 필요 없으니
좋은 하늘 갔으니 좋게만 살으라고
좋지도 않은 술 그만 끊고
해소병이나 얼른 나으라고

하늘 아래에서 썩인 속
하늘 위에서는 그만 썩이라고
쫓아가 혼내줄 거라고

날 들어 별빛 반짝인다
할매의 커다란 걱정

땅 위 세상 떠나
하늘 세상 닿으셨나

유난히 반짝임 할배의 선물 맞다
하늘 끝 닿으시던 할매 걱정
사르르 봄눈 녹듯 사라지시고
할배의 선물 받기 위하여 손 벌리고 마음 여신다

할매 텃밭

아침 해 눈도 뜨기 전
할매 텃밭의 바쁜 움직임
넓지는 않지만
할매 혼자서는 좁지도 않다

호박 심고
고추도 심고
또 무엇 심었더라
다 외우지도 못하시는 우리 할매

없는 것 빼고 다 있다
아침 일찍 딴 오이
마을 사람 나누어 먹이고
내일 장날 내다 팔 것
또 다시 따야 한다

할매 텃밭
서울 대형마트만큼
이것저것 가득 넘쳐흐른다
넘치는 정까지
따스한 기운 흐르는 할매의 또 다른 세상이다

할매 별똥별

이 세상 명命 다 마치고
하늘에서 떨어지는
밤하늘 별똥별
할매 저 별 내 별인가
가슴 털썩 내려앉는다

별똥별 떨어지듯
빠르게 가야 한다고
오래 고생하면 안 된다고
입방정 입에 달고 살면서도
떨어지는 별똥별
바로 보지 못하고 외면하신다

할매 용서

모든 것 용서하며 사셨는데

댕기 머리 어린 소녀 때는
댕기 잘라가는 머슴아 용서하고

어린 나이 온 시집
까닭도 없는 시집살이
몽땅 용서하며 사시고

두 집 살림 좋다 하는 서방도
눈물로 그냥 용서하고 사셨기에

용서할 것 하나 없는 너무나 좋은 길 되어
가시는 마지막 길 편히 재촉하고 계신다

용서 해 줄 사람 없고
용서받을 사람 없어도
그저 용서해주시는 큰마음
용서 없는 세상에 크게 가르쳐주시고 가신다

할매 씨돼지

뒤뚱뒤뚱
씨돼지 바쁜 걸음
회초리 든 꼬부랑 할매
뒤따르기 숨차다

할매 오늘 나 장가가요
그래 고맙다
네 덕에 나도 기분 내고
한 푼 덕도 보자

앞마을 가려면 바빠요
씨돼지 마음 바쁘고
무거운 아랫도리 뜨겁다

그래 어서 가자
너 좋고 나 좋고
꼬부랑 할매도 가쁜 숨 몰아쉰다

할매 가시는 날

할매 하늘 오르시는 날
봄 꽃비 내리고
상여 따르는 노랫소리
아지랑이 되어 피어오른다

호상好喪이라고
우는 사람 없지만
웃는 사람도 분명 없다

복 지으며 사셨기에
이렇게 좋은 날씨에 가신다고
베푸는 것 좋아하더니
마지막 가시는 길도 베풀고 가신다고

살아생전 받지 못하고
주시기만 하던 할매 인심
마을 마음 크게 모아
마을 잔치 한번 거하게 치루었다

피오르는 향내 딱 할매 내음
꽃상여에 예쁘게 핀 꽃 딱 할매 모습

할매 타신 꽃상여
동네 한 바퀴 돌고 나가신다
온 동네 사람들 큰 복 받을 거라고
가시는 할매가 분명 큰 복 주고 가실 거라고
할매 하늘 오르는 날 동네 잔치 푸짐하다

할매 한가위

밤하늘 진하게 떠오른 보름달
유난히 밝게 빛낸다 올 한가위는
동네 오랜만에 시끌한데
할매 집은 조용이다

동네 사람 십시일반十匙一飯
할매 부엌 부자 되었지만
나누어 먹을 사람 아무도 없다

일찍 불 끄고 잠 청하신다
잠들지 않으면 속 터질 것 같아

올해도 오지 못한다는 자식
말로는 괜찮다고 오지 말라고
사람 많으면 귀찮다고
혼자 보내는 한가위 더 편하다고

보름달 지고 해가 중천中天인데
할매는 아직 꿈나라 계신다
아니 일부러 눈 뜨지 않으신다

일찍 차례 끝낸 동네
빠르게 이별의 시작이다

이별 없어 좋다고
이별은 항상 마음 아픈 것
이별 싫어 만남도 싫다고
할매 한가위 이별 없이 끝나셨다

할매 고집

이제 함께 살자고
혼자 사시다 큰일 나신다고

아직은 아니라고
내 발로 걸을 수 있으니
내 눈으로 볼 것 다 볼 수 있으니
조금은 더 이렇게 살 거라고
여기 이렇게 사는 게 나는 더 좋다고

자식의 커다란 걱정
할매의 고집 꺾지 못한다

서울 올라가는 자식 가져가라
보자기 찢어지게 싸신 할매의 자식 사랑
서울에 다 있다고 싫다 하여도
할매의 고집 아무도 이길 사람 없다

할매 늙은 호박

젊은 푸른 호박아
어서 되어라 늙은 호박
친구 그리워
급해지시는 할매의 마음

오랜 세월 정 묻은 호박밭
털썩 편안히 주저앉아
할매 혼자 늙는 것 서럽다고
푸른 호박 너도 빨리 늙어 벗하며 살자고

어서 늙어라 나만큼만
시간 흐르는 것 죽기보다 싫지만
호박밭 시간은 왜 이리 천천히 흐르냐고
늙어가는 호박만 심하게 탓하시니

빨리빨리 늙어 갈게요
저도 어서 할매 친구 되고 싶어요
늙어가는 호박 아쉬움 없이
저녁놀에 붉은 빛만큼 예쁘게 늙고 싶을 뿐이다

할매 똥개

겁없는 똥개들
서로 끙끙 냄새 맡는다
이놈이 친구인가 적인가
갑자기 으르렁 험악해진다
덩치도 작은 것이
한참 어려 보이는 것이
똥개는 깡이 앞선다

할매 흩어지라 소리치지만
거들떠보지도 않는다
할매는 이미 상대되지 않는다고
서글픈 할매
있는 힘 다하여 내던지시는 지팡이

할매보다 무서운 지팡이
도망치듯 흩어지던 똥개들
끙끙 지팡이 냄새 다시 맡기 시작한다
느껴지는 할매의 냄새
오래전부터 잘 알고 있는 냄새라고
할매는 오래된 친구라고
똥개들 다정하게 다가선다
할매 냄새 정다워 동네 똥개 몽땅 모여드는 중이다

제4부

할매 기다림

할매 친정

할매 할배 따라
시집오던 길
이른 아침 붉은 햇살 등에 졌으니

이른 해 뜰 때마다
해 뜨는 쪽 바라보시며
할매의 친정엄마 생각하신다

새색시 없어지고 할매 되어서도
친정쪽 바라보니 떠오르는 엄마 생각
금세 눈 주위 뜨거워지고
친정 쪽 떠오른 해 친정 엄마 되어
늙은 할매 다독여주시니

할매 할배 따라갈 곳
해 뜨는 앞산 쪽이니
친정 쪽으로
엄마 쪽으로
몇 발자국 더 다가간다고
진한 설렘 할매 가슴을 두드리고 있다

할매 겨울밤

깊어 가는 겨울밤
멈추지 않는 할매의 잔기침
하루를 함께하던 산새들
걱정 속 둥지 향한 날갯짓 못 하고
떠오르는 달님에게 부탁한다
오늘 밤 잘 지켜보라고
할매 기침 마음에 쓰인다고

방바닥 군불 때기는 때셨나
굴뚝에 살짝 대어보는 부리
열 기운 없는 차가운 냉기
둥지 향한 아쉬운 날갯짓 할매를 떠나지만
마음은 할매네 대들보에 묶어놓았다

할매 홀로 보내실 기나긴 겨울밤
지나가던 매서운 바람도 걱정되는지
멈짓 멈짓 조심스레 흐르고
조용히 내리던 하얀 눈
할매네 초가지붕 포근하게 덮으니
매서움 잃은 바람 골고루 펴 덮고 계신다

여닫이문 손잡이라도
차지 않게 덥혀주고 싶어

힘을 더하시는 별님의 반짝거림
기나긴 겨울밤 눈 한 번 감아보지 못하고
아침 해 뜨기만 기다리고 기다리신다
저 반짝거리는 별 할매의 혼魂별 맞는 것 같다

기다리던 아침 해 떠올라 할매 감싸 안으니
펴지지 않는 허리 두들기며
별님이 데운 손잡이 잡으신다

이제 되었다 긴 숨 몰아쉬며
할배 혼별 급하게 선잠 청하시고
오두막 내려앉던 하얀 눈발
조심스레 오두막 비켜선다

혼자 이른 아침 드시는 듯 마시는 듯
문안 인사 올 산새의 급한 날갯짓 기다리신다
오늘도 친구하며 함께 편한 하루 지내보자며

바람은 아직 차가움 버리지 못하였지만
오늘도 따뜻한 햇살과 함께
할매의 오두막 어젯반을 빠르게 잊이긴다

할매 보쌈

유명한 할매 보쌈보다
더 맛나는 우리 할매 보쌈

고기 먹기 위하여
김치 먹는 것 아니라고
맛난 김치 먹기 위하여
고기 먹는 것이라고

텃밭에서 직접 기른 배추
맛깔나게 김치 담그고
정성으로 삶은 고기
놀부가 먹고 흥부가 놀라
보쌈집 차렸다고

음식은 정 맛이 최고라고
할매도 할매 나름이라고
우리 할매 팔 걷어 올리시고
한 상床 푸짐하게 차려 내신다

할매 지게

이제 할매 것 되었다
먼저 간 할배가 지고 다니시던
할배 냄새 진하게 묻은 늙은 지게

후대後代에 물려주시려나
농사일도 할 수 없는데
애지중지 모셔 놓고

닦고 또 닦아
반지르르 기름 흐른다
할배 계실 때는
흙만 잔뜩 묻어 있었는데

하늘에서 보내주신
할배의 끝없는 사랑
할배의 지게에 실린다
할매 아닌 누구도
지고 다닐 수 없을 만큼 무겁게

할매 목소리

전화기 너머 다가오는
할매의 목소리
너무나 오래간만이다

나 잘 있다고
걱정 말고 너나 잘 살라고
수화기에 가려 보이지 않으니
믿고 싶은데
믿어야 하는데
말과 말 사이 잔기침 소리
진하게 불안해지는 마음

분명 아닌 것 같은데
편안하지 않으신 것 같은데
믿는 척하며 아니 믿으며
수화기 내려놓으니
걱정도 따라 내려앉는다

빠른 시일내 찾아 뵐게요
약속 아닌 약속
수화기 속 할매 잔기침

내려놓은 수화기 사이
아직도 끊이지 않고 흘러나오는 듯

할매 곁으로 다가가려는 마음
마음은 앞서 가지만
세상 사는 핑계에 몸은 따르지 못한다

할매 마실

바로 앞집으로
오랜만의 마실
힘들어 보이신다

이른 아침 텃밭에서 딴 호박 하나
매운맛 독 오른 고추 몇 개
앞집 사는 친구 할매
얼큰한 된장국 끓여 먹으라고

지난 세월
앞동네 뒷동네
할매 고추 안 먹은 집 없는데
할매 호박 없는 된장국
생각하지도 못하였는데

하루 한 달 일 년 세월 흐르니
우리 할매 마실 다니기 힘들어
동네 사람들 할매 집으로 마실 온다

독오른 고추 그리워
된장국 맛 내준 할매 호박 그리워

언제나 베풀어 주시던 할매 정
많이많이 그리워

할매 마실 다니는 모습
너무나 아름다운 모습이기에
흐르는 세월
이 모습 질투하여
빠르게 세월 흘려 보냈다
우리 할매에게만

동네 사람들
이런 세월 미워라
더 열심히 마실 다닌다고

할매에게 배워
빈손 아니시다
할매와 나눌 무엇인가 손에 들고
흐르는 세월 막아 세우며 열심히 마실 다니신다

할매 찬 서리

아직 때 아닌 것 같은데
이르게 내린 찬 서리
많이 추워 까치 얼어 죽었다고
할매의 거짓말

불쌍한 까치 보고 싶지만
느껴지는 추위에 방문 열지 못하고
할매 품속 파고든다
이럴 때는 따뜻한 할매 품이 최고라며

불쌍한 까치 구해 주라고
할매는 추운 것 참을 수 있으니
어린 손자의 떼쟁이 짓
할매는 환한 미소만 지으시고

높은 나무 위 까치밥 아직인데
이르게 내린 찬 서리
할매 품속으로 손자 잡아당기고
어린 손자 할매 품속 깊숙이 파고든다

할매 길

할매
세상 살아오셨던 길로
다시 돌아가고 싶다고

할매
살아오셨던 길
넓다가 좁아졌다
웃음 깔리었다
눈물로 젖었다
누구도 알 수 없었던 길
할매는 알고 싶지도 않으셨던 그 길

할매
살아오셨던 오직 한 길
그 길 따라
다시 돌아가고 싶다고 소원 세우셨다

할매 달력

커다란 숫자만 가득한 달력
할매 최고 일등一等 달력 친다
아래 작은 글씨 음력은
잘 읽을 수 없어 다른 사람 몫이지만

예쁜 여인 입은 듯 벗은 듯
이런 달력 낯부끄럽다고
멋진 풍경 잘 모르는 그림
고급 달력도 정말 별로라고

이등二等 달력은 일력日曆
하루에 한 장 함께 세월 흘릴 수 있어
어제는 며칠 앞서 가다가
오늘은 하루 늦게 흐르는 중이지만

잦게 말썽부리는 할매의 속
오늘은 변비이신가
어제는 뒷간 들락날락하였는데
흐르다 멈추다 달력의 세월
뒷간 가시는 할매 몸 쫓아 흐른다

일등 달력 이등 달력
흐르는 세월 막지도 못하고
자리값도 제대로 치르지 못한 채
안방 건넛방 부엌 여기저기 자리잡았다

할매 휴대폰 벨

기다리던 아들놈 전화
벨 한 번 울려주지 않더니

간절히 기도하는 시간
벨 소리 크게도 울려 퍼진다

받을 줄만 알지
벨 소리 끌 줄도 모르는 우리 할매

휴대폰에 사정한다
그만 끝내라고 어서 죽어 달라고

놀란 것 할매뿐만 아니라
하느님도 놀라셨다

놀란 하느님만큼 놀란 옆 사람
급히 할매 휴대폰 벨 소리 죽여주니

다시 시작하는 기도
하느님 웃어 주시지만

놀라 죽을 뻔한 우리 할매
오늘 기도 땅속으로 빠르게 숨어 버렸다

할매 부침개

꾸물꾸물한 하늘
잿빛 구름 내려앉으니
할매 서둘러 부엌 들락날락

기름 냄새 오두막 진동하더니
김치 쏭쏭 썰어 넣은
뜨거운 김치 부침개 꾸물한 세상 만난다

기름 열기 아직이지만
뜨겁게 할배 목에 잘도 넘어간다
입천장 데어 벗겨져도
부침개는 뜨거울 때가 제 맛이라고

탁배기 한 잔 덤으로 붙으니
첫날밤 달콤한 맛 또다시 느껴진다고
할배의 호들갑에
꾸물한 세상 맛 든 세상 되어버린다

할매는 아직도
부엌 문턱 정신 빼앗으며 들락날락
뜨겁게 맛난 김치 부침개
할매 떠나 할배에게 가기 바쁘다

할매 시집살이

갓 시집온 우리 할매
예쁜 새각시 때
할매 시엄마 시집살이
맵고도 매워
고추 당초 싱겁더라고
지나간 남 이야기하듯
웃으며 흘려 보내신다

시집살이 끝내고
시집살이시킬 세월 되자
뒤바뀐 세상
며느리 시집살이가 더 매워
고추 당초 맛 달달하더라고

손자새끼 입 한 번 맞추고
일 년 근처에도 가지 못하였다고
이제 세월 더 흐르고 흘러
이 시집살이 저 시집살이 다 없어지니
갈 날만 남았다고 웃음도 잊으신 채
모르는 이야기하시듯 하고 계신다

할매 기다림

버리고 간 주인
목 빼고 기다리는 강아지 이야기

하늘 오르실 날 기다리는 할매처럼
너무나 간절한 이야기

진한 정
인간보다 더 깊은 의리
주인을 향한 강아지의 기다림

정 있어서가 아닌데
의리 깊어서도 아닌데
할매의 또 다른 기다림은

다가오기 때문에
피할 수 없어서
기다려야 하는 서글픔뿐인데

할매의 기다림도
강아지의 기다림만큼
애절픈 기다림 되어 세상을 적신다

할매 무덤 앞에서

햇빛 잘 드는 따뜻한 터
하늘과 함께 손잡아 보려 하니
우리는 할 수 없는 일
이 터 주인만이 할 수 있는 일이라고

바람 불어 좋은 날
어려웠던 시절 다 흘려보내고
이제 편안함만 여기 남아 흐른다고

이 터에 새 주인
그리도 좋아하시던 붉은 꽃
이제는 시들지 않을 거라고
진하게 영원히 꽃 피울 거라고

이제 치워라 검은 리본
예쁜 색색 리본으로 바꾸어 달고
슬펐던 마음은 붙잡아 묻어버리니

아름답게 춤추시며 하늘로 오르신다
밝은 햇살 더 밝게 맞으며
맑은 바람 더 맑게 불어 주시며

이 터의 새 주인
이제 할매 아니라고
아기천사 되어 사실 거라고
푸른 하늘 고운 춤 추시며 오르고 계신다

할매 빈 의자

뜨거운 세상 뜨거운 햇살
내려앉는 비어 있는 의자
뜨거운 세상 뜨거운 연인들
달구던 사랑만큼 강하게 달구어졌다

햇살 힘 잃을 시간
뜨겁게 하루를 보낸 의자
지팡이 할매 데려와 앉히며
빈 의자 주인 하라 하니

지팡이가 끄는 대로 끌려와
빈 의자 주인 되어보지만
뜨거움 이제는 싫다
뜨거운 인생 흘려보낸 할매의 한숨

식은 햇살도 뜨거운 세상
주인 노릇도 못하고 떠나가는 할매
할매 쫓아가려는 듯
빈 의자의 뜨거움 빠르게 식어감을 재촉한다

할매 간식

앞집 조카며느리
인절미 해 오고
옆집 이장님
서울 아들이 사왔다고
처음 보는 고급 양과자 가져오시고

할매의 간식
넘치고 넘치지만
잡수시는 것 없이
언제 올지도 모르는
손자 몫 되어 장롱 속 깊이 숨어 버린다

오지도 않지만
와도 먹을 수도 없다
한겨울 지나 얼고
한여름 지나 녹고
양과자와 인절미 하나 되어버린 지 오래

할매 하늘로 오르시는 날
장롱 속 숨어 살던 간식
손자들 차지되지 않고
동네 강아지들 입에 가득
할매 간식마저 몽땅 베풀고 가신다

할매 병과 약

아파도 약 먹지 말라고
약 먹고 낫는 병
완전히 낫는 것 아니라고

약도 습관 된다고
약 먹는 것도 못된 버릇이라고

머리 아프면
머리에 띠 두르고
배 아프면
배 손으로 열심히 문지르고

할매의 병은
할매 스스로 고치신다
할매의 할매가 가르쳐준 대로
스스로 아픈 것 참고 이겨내는 방법으로

아파도 아프다 하지 않으신다
할매는 아픔 모르는 영원한 철인鐵人
아니다
할매의 진짜 아픔은 빠르게 흘러 온 세월
약도 없었고 고칠 수도 없는 병
할매 아픔 그대로 가슴에 담고 살아 가신다

할매 세월

흘러가는 세월 앞 주저앉아
뜨는 해 잡고
지는 해 잡고
반짝이는 별도 잡아보고 싶지만
계속되는 헛손질
우리 할매 세월만 빠르게 흘리고 계신다

흘러온 짧지 않은 세월
아쉽다 원망하지는 않지만
많은 사람 먼저 보내고
혼자 남았다는 서러움
주름진 세월에 눈물 되어 고인다

할매 빈 오두막

촉촉하게 하얀 구름 걸려 있던
할매 사시던 오두막
두꺼비 참새 방아 찧고
거미 나비 숨바꼭질
자연 그대로 숨 쉬며 살아가던 곳이었는데

할매 별님 되어 하늘나라 가시니
구름은 사라져 빈 하늘만 휑하고
조용과 벗하고 멈추어 선 방아
숨바꼭질 술래까지 숨어버린 지 오래
자연의 숨소리마저 숨 막아 버렸다

할매 하늘로 올라가니 빈 오두막
싫다 하며 하늘은 도망가고
자연의 숨소리마저 사라지니
세상은 재미없다 거꾸로 돌아
할매 가신 그림자라도 뒤쫓아가고 싶다 한다

할매 사진

사진 한 장 박자고
쓸 때가 있다고
예쁘게 찍으라고
웃는 얼굴로 찍어야 한다고
조금 젊게 찍어보라고
할매의 잔소리
오늘 다른 날과 분명 틀리시다

할매 사진 잘 나왔는데
웃으시는 할매 얼굴 너무 예쁘신데
아니라고 화내시는 할매
눈이 한쪽으로 쳐졌다고
볼이 튀어나온 것 같다고
지금보다 더 늙어 보인다고

할매의 마지막 날
할매는 계시지 않고
할매 사진만 있다
예쁘게 웃으며
수줍은 젊은 새댁 얼굴하시고
우리들의 마지막 인사 받고 계신다

할매 치매

갈 날 정말 다가왔나
할매의 걱정

가는 것은 겁나지 않지만
가기 전 남에게 폐 끼치기 싫다고

맛나게 잘도 끓이시던 된장국
간 맞추기 힘들어
제맛 나지 않기 시작하더니

비 오는 날
마른 빨래 거두어들이는 것 깜빡하시고
손에 든 걸레 찾아
반나절 넘어 한나절 되고

저 앞 걸어가는 여인
김씨네 며느리 맞나 아닌가
통 기억나지 않으신다

치매 걸려
내 고생보다 남 고생 싫다고

자는 듯이 조용히 가고 싶다고
할매의 걱정 하늘까지 오르신다

젊은 사람도 그런다고
걱정하지 말라는 동네 사람들
이 사람들 여기 와
나에게 이런 소리 왜 하는지도 잊으셨다

할매 별빛

밤하늘 별 사라졌다
밤하늘의 파산破産

별 보고 싶은 할매의 마음
먼저 하늘나라 오른
할배 보고 싶으신 간절한 바람

먼 하늘 끝 희미한 반짝임
할매 만나러 오기 힘드시나

할배의 숨찬 모습인 듯
반짝이는 별빛 안쓰러워 보인다

밤하늘 별빛 환하게 반짝이기를
하늘나라 할배 편안하시기를

할매 두 손 모아 밤하늘에
정성으로 기도 올리신다

할배 만나시는 그날
할매도 밤하늘의 별님 되시어
반짝거리는 그날 오기 재촉하시며

할매 바늘과 실

할매 나이 들어
모든 일 하기 힘들어도
바느질은 끝까지 할매 차지라고

침침해진 눈으로
바늘 귀에 실 꿰기 어려워도
할매 놓지 못하신다 바느질만은

이 바느질 놓는 날
바늘에 실 꿰지 못하는 날
생각하기도 싫다고
할매 그런 날 절대
없을 것 같다고
없어야 한다고

예쁜 바느질 끝내시고
바늘과 실 잘 모셔놓는다
내일 또 내일 계속 만나자 하시며

할매와 바느질고리
아주 오래 전부터 항상 하나이시다
오래오래 변하지 않는 친구 되어 함께 살아가신다

연작(連作) 조술시(祖述詩)의 남상(濫觴)

— 김성훈 연작 시집 『할매 바람』 평설

이 수 화

(사)세계문인협회 고문, 한국문인협회 · 국제펜클럽 원임부이사장

1.

이 김성훈 연작시집(連作詩集) 『할매 바람』(도서출판 천우 刊)은 한국 현대시, 즉 모더니즘시가 아닌 당대시 사상(史上) 놀라운 연작 조술시(祖述詩, Exposition poem)로서의 남상(濫觴, 사물의 맨 처음 효시(嚆矢))이다. 척박한 언사로 말하자면 시인 김성훈이 이 연작 조술시의 창시자라는 뜻이다.

연작 조술시의 연작(連作)이란, 심포니의 라이트 모티브(Motive)나 회화(繪畵) · 조각 · 소설에서 표현의 동기가 되는 중심 사상을 여러 단위의 소재로써 표상해 다양한 변주를 꾀해내는 방식의 시라고 말할 수 있다. 조술시(祖述詩)란 개념은, 스승이나 조상이 사신 도리(道理)에 따라 그것을 본받아 선양하고 서술하는 조어(調語, 문장을 만듦)이다.

김성훈 연작 조술시(Exposition poem)는 이렇게 조선(祖先)이 겪은 생애의 바람직한 길(道)을 문학으로 표상한 연작 조술시인 것이다. 그의 이번, 우리 시문학사상 새로운 문학 창조적 집적물인 연작시집 『할매 바람』은 또한 서술시(敍述詩, narrative poem), 형식에 '할매' 즉 할머니(祖母)의 아흔 평생에 걸린 조술성(祖述性-주제와 소재)을 담아 표상해낸 미학이 연작시의 각기 독립된 독자적 형상미를 얻어 독자의 감동샘을 자극한다. 서술시는 신경림의 「농무(濃霧)」처럼 성취된 텍스트의 경우 그 서사성의 리얼리티가 감동샘 자극에 직핍해지기 때문이다.

다음과 같은 텍스트는 김성훈의 조술시(祖述詩)가 실현하고 있는 리얼리즘시로서의 서술시(敍述詩) 자질이 뛰어난 작품으로 꼽을 수 있겠다.

모든 것 용서하며 사셨는데

댕기 머리 어린 소녀 때는
댕기 잘라가는 머슴아 용서하고

어린 나이 온 시집
까닭도 없는 시집살이
몽땅 용서하며 사시고

두 집 살림 좋다 하는 서방도
눈물로 그냥 용서하고 사셨기에

용서할 것 하나 없는 너무나 좋은 길 되어

가시는 마지막 길 편히 재촉하고 계신다

용서 해 줄 사람 없고
용서받을 사람 없어도
그저 용서해주시는 큰마음
용서 없는 세상에 크게 가르쳐주시고 가신다

—「할매 용서」 전문

예시(例詩)의 서술시(敍述詩) 자질은 서정적 자아, 즉 화자가 말하고 있는 할매(할머니)의 용서가 없는 세상(후말행)에 용서라는 인간애의 크고 넓은 희생적 가치의 인문학적 용인의 삶(예시의 처음 모티브인 1행부터 후말행까지의 팩트(fact)), 그 리얼리즘 미학의 표상화이다. 이 할매의 인문학적 인간애에 사무친 '용서'는 이 세상 아무 할매나 펼칠 수 있는 인정(人情) 수준의 '인간 사랑'이 아니다. 저와 같은 큰 가치의 '용서'가 정신 내면에 흐르는 우리 민족 특유의 전통 사상인 넓고 큰 홍익인간(弘益人間, 단군사상)의 사랑이다. 즉 그것이 조술주의(祖述主義) 인간상의 신화적 인물인 마고할매 사랑으로 환원(還元)되는 인의애(隣誼愛)·인인정신(隣人精神)의 사랑에 다름 아니다. 이는 동물애까지 끼치는 인간미의 광역적 의미를 함유하고 상징한다.

겁없는 똥개들
서로 끙끙 냄새 맡는다
이놈이 친구인가 적인가
갑자기 으르렁 험악해진다

덩치도 작은 것이
한참 어려 보이는 것이
똥개는 깡이 앞선다

할매 흩어지라 소리치지만
거들떠보지도 않는다
할매는 이미 상대되지 않는다고
서글픈 할매
있는 힘 다하여 내던지시는 지팡이

할매보다 무서운 지팡이
도망치듯 흩어지던 똥개들
끙끙 지팡이 냄새 다시 맡기 시작한다
느껴지는 할매의 냄새
오래전부터 잘 알고 있는 냄새라고
할매는 오래된 친구라고
똥개들 다정하게 다가선다
할매 냄새 정다워 동네 똥개 몽땅 모여드는 중이다

—「할매 똥개」 전문

예시는 물론 시의 외연상(外延上)으로는 똥개들 싸움조차 할매의 지팡이가 다스리는 그 인간미 넘친 '용서의 사랑'을 이야기(서술시로) 하고 있지만 그 내연(內延)은 용서가 없는 세상의 똥개 인간들 쌈박질에 대해 시적 주체가 일갈하는 상징적 의미가 이 텍스트 미학의 진의 또는 진리에 속한다. 그리고 할매의 조술적(祖述的) 사랑이 인간애만을 위한 것이 아닌 신화적 차원으로까지 승화되고 있는 텍스트를 거론치 않을 수 없다.

잠자는 것
죽는 연습이라고
잠자는 것
그리도 싫어하시더니

낮잠 주무신다 우리 할매
짧지도 않게 길게
이제 할매도 연습하시나
이제 갈 때 되었다고 입방정 떠시더니

연습 끝내고 정말 가신 것 아닌가
할매의 낮잠 지켜보던 누렁이
안절부절못하고 불안한 마음
큰 소리로 짖기 시작한다

깨지 않는 할매에 걱정 커진 누렁이
침 잔뜩 발라 할매 얼굴 핥는다
눈보다 손이 먼저 깨신 할매
아직 손맛 매우시다

얻어맞은 콧잔등 아파 누렁이 끙끙거린다

—「할매 낮잠」 전문

예시(例詩)는 「할매 낮잠」에 화자가 서술(敍述)해내고 있는 '할매'는 시인 김성훈의 조술주의(祖述主義) 캐릭터로서 이미 전기(前記)의 사실(Fact)에 입각해 전형화(典型化)된 신화적 인물답게 '누렁이' (애견(愛犬))

에 대해서도 현실에선 보기 힘든 신화적 인물이 되고 있다. 즉 예시는 아이러니(irony)의 구조로 짜여 있는데, 할매는 알라존(alazon), 누렁이는 에이론(erion)의 역할이 주어져 있다. 이에 따라 깊은 낮잠에 빠진 할매(알라존)가 죽은 줄 알고 애견 누렁이(에이론)는 진정코 걱정이 돼서 침 잔뜩 발라 할매 얼굴을 핥는다. 이 서슬에 잠 깬 할매가 누렁이 콧잔등에 매운 손맛을 보이고, 얻어맞은 누렁이는 콧잔등이 아파 끙끙거리는 것이다. 이렇게 이 극적(劇的) 아이러니는 알라존(할매)을 구조하려다 오히려 콧잔등을 맞아 아파야 하는 수난을 당하고, 자기를 구조하려던 누렁이(에이론)의 진심을 오해한 알라존(할매)은 누렁이(에이론)를 거부한 것이므로 독자들에게 텍스트의 서정적 자아는 웃지 않을 수 없는 해학미(諧謔美)를 제공하고 있는 것이다. 시인 김성훈의 조술주의(祖述主義)가 창조해 놓고 있는 해학문학의 뛰어난 성취 사례가 된다. 조어술(調語術), 즉 레토릭(Rhetoric, 수사학(修辭學))으로서의 제4스탠자와 후말행, "얻어맞은 콧잔등 아파 누렁이 끙끙거린다"와 같은 조어술은 이 문장 앞 제4연의 서경(敍景)과 연결해 볼 때 경이(驚異)의 해학(諧謔)이 아니고 무엇이겠는가.

이와 같이 김성훈 조술주의(祖述主義) 문학에 해학성(諧謔性)을 더한 연작 서술시는 이 시집 『할매 바람』의 메타 텍스트에는 '바람'이 따라붙고 있다. 이 시집의 전체 시, 그 총체적 이념인 할매풍(風)을 말하는 것일 터이다. 시집 전체를 관통하는 총체성의 테마가 바로 '할매풍', '할매 바람'일 것이다. 이제 다음 장(章)으로 넘어가 할매풍의 좀 더 기막힌 인인애(隣人愛)의 진풍

경들에 집중해 보기로 한다.

2.

전장(前章)에서 지금까지 살펴온 김성훈 시인만의 독창적인 연작 주인공 '할매'는 90세로 유추된다.(시 「할매 친구들」 참조)

자연 중에서도 한국인 대다수가 가깝지 않은 바닷가에 생활 터전이 있다. 바닷가 산자락에 있는 오두막 굴뚝에 연기가 피어오르면 산 아랫마을 사람들이 할매 할매가 요기라도 하셨다고 "마음 쓸어내리며" 밥들을 지어 먹으리만큼 할매는 김성훈 연작 조술주의(祖述主義) 시의 주역이 될 만한 신화적 인물임을 우리는 전장(前章)에서 이미 기술(記述)해 보았다. 신화적(神話的) 인물이란 아직 신화 인물, 가령 단군, 마고할미처럼 완전히 신화상의 주인공이 되기 전 조술(祖述)의 중심 인물을 가리킨다 하겠다. 곧 김성훈 연작 조술시 주인공 '할매'와 같은 인물이고, 미당 시집 『질마재 신화(神話)』에 나오는 '이삼만(李三晩)'과 같은 인물일 터이다. 이삼만은 붓글씨를 하도 잘 써서 그 글씨의 뱀날 부적 글씨를 집안 기둥에 붙여 놓게 되면 뱀들이 그 글씨 위로는 절대로 침범하지를 못한다는 것이다. 신화적 인물로 아직 김성훈 연작 조술시 속 주인공인 '할매'도 오랜 세월 뒤쯤에 가서는 한 사람의 신화 인물이 될 터인즉 가령,

할매 하늘 오르시는 날
봄 꽃비 내리고
상여 따르는 노랫소리

아지랑이 되어 피어오른다

호상好喪이라고
우는 사람 없지만
웃는 사람도 분명 없다

복 지으며 사셨기에
이렇게 좋은 날씨에 가신다고
베푸는 것 좋아하더니
마지막 가시는 길도 베풀고 가신다고

살아생전 받지 못하고
주시기만 하던 할매 인심
마을 마음 크게 모아
마을 잔치 한번 거하게 치루었다

피오르는 향내 딱 할매 내음
꽃상여에 예쁘게 핀 꽃 딱 할매 모습

할매 타신 꽃상여
동네 한 바퀴 돌고 나가신다
온 동네 사람들 큰 복 받을 거라고
가시는 할매가 분명 큰 복 주고 가실 거라고
할매 하늘 오르는 날 동네 잔치 푸짐하다

—「할매 가시는 날」 전문

이렇게 꽃향기 · 꽃모습으로 승천하시는 할매가 어디 세상에 흔할 건가. 김성훈 연작 조술시의 주인공 할매는 분명코 신화적 인물이고도 남으실 분이다. 김성훈 연작 조술시가 이 땅에 남상(濫觴)으로써 새롭게 독자적으로 창조해낸 우리 한국인 조술상(祖述像)의 또 다른 숭모 인물이 아닌가 한다. 이어서 김성훈 연작 조술시 형상 미학의 다양성에 착목해 보기로 한다. 행두 넘버는 평설자의 기호이다.

①
뒤뚱뒤뚱
씨돼지 바쁜 걸음
회초리 든 꼬부랑 할매
뒤따르기 숨차다

할매 오늘 나 장가가요
그래 고맙다
네 덕에 나도 기분 내고
한 푼 덕도 보자

앞마을 가려면 바빠요
씨돼지 마음 바쁘고
무거운 아랫도리 뜨겁다

그래 어서 가자
너 좋고 나 좋고
꼬부랑 할매도 가쁜 숨 몰아쉰다

—「할매 씨돼지」 전문

②
놓을 것 다 놓으셨는데
아직 남은 큰 걱정 하나
…(중략)…
식탐食貪 많은 누렁이
죽어서 개 아닌 사람 되어 태어나라고
얻어먹는 사람으로 태어나지 말고
실컷 먹을 수 있는 식당 주방장으로 태어나라고

할매 진한 걱정
누렁이는 아는지 모르는지
편한 잠 들어 있다 할매 바로 앞에서

—「할매 걱정」 부분

③
흰머리 뽑던 아이
세월 흘리어
할매의 그 흰머리
자기 머리로 옮겨 심었지만

함께 흐른 세월이
흰머리 뽑을 손자의 사랑마저
어디론가 흘려버렸나

—「할매 흰머리」 부분

예시 ①「할매 씨돼지」, ②「할매 걱정」 ③「할매 흰머리」를 나란히 병치한 것은 김성훈 연작 조술시가 형식상으로는 서술시(敍述詩, Narrative poem)지만 그 내용의 일관된 조술주의 주제의 명징성을 보이고 있기 때문이다. ①의 씨돼지 장붙이러 행차한 일화가 꼬부랑 할매가 되어서도 성실하게 살아내는 할매의 근로정신에 대한 후손의 조술정신(祖述精神)을 싹트게 하는 선조로서의 스탠스(stance)가 되고 있으며 ②는 거듭 말하지만 할매의 인인애적(隣人愛的) 사랑의 정신이 동물에까지 뻗쳐 있다는 사실로써 이 역시 조술시의 자질을 충족시키는 제재이고 인용시 첫 라인 후말행 "실컷 먹을 수 있는 식당 주방장으로 태어나라"는 할매의 측은지심과 김성훈의 해학적 레토릭은 가히 일품이 아닐 수 없는 형상미학인 것이다. ①의 셋째 스탠자 씨돼지 발정 난 상황 묘사 또한 발군의 메타포어(隱喩) 미학이 될 터이다. ③의 경우 또한 인용시에 구사된 메타포어(첫 연 후말행)가 일품이다. 이제 김성훈 연작 조술주의 서술시가 성취하고 있는 우리 한민족 조술인상(祖述人像)이 표상하는 자조(自助), 근면, 해학 공동체 정신의 형상 미학에서도 애틋한 가용동물(家用動物), 즉 개[犬]에 얽힌 할매와의 인간끼리의 사랑을 뛰어넘는 이야기 시를 하나 더 보고 척박하게나마 평설글의 대단원에 이를까 한다. 「할매 고무신과 검둥개」를 본다.

검둥개
긴 게으름 피우며
마루 밑 자리 잡고
하루해 보내다

댓돌에
벗어놓은 할매
검정 고무신
자기 것 만들어 본다

이빨로 물고
발톱으로 뜯고
커다란 구멍 만들고
아닌 척 시침 떼지만

할매는 다 알고 계신다
할매의 작대기질
검둥개 찾아 나서고
검둥개는 마루 밑 꼭꼭 숨어든다

—「할매 고무신과 검둥개」 전문

이 얼마나 너그러운 용서의 배려이고, 해학적(諧謔的) 할매의 행위인가. 마루 밑에 꼭꼭 숨는 검둥개를 넌지시 눈감아 주는 할매의 인간미 넘치는 사랑에 대해 독자는 웃음이 절로 나오는 조술주의 인간상을 보게 되는 것이다. 김성훈 조술주의 서술시학이 빚어내는 형상미학의 전형화인 것이다. 그렇다면 할매의 이와 같은 조술성(祖述性)은 성격 탓인가, 아니면 교육 탓인가. 둘 다 아니다. 할매의 이와 같은 원인 중 하나는 적적함 탓이다. 특히 할배를 사별한 후로는 더욱 짙어진 할매의 삶의 적적함, 그것은 일회적 삶의 존재인 인간 심성에 매우 가치중립적 정서인 고적감, 고독이다. 따라서 할매는 이 절대 고독에 희생되지 않고 그것을 인인애(隣

人愛)로 선용하여 마침내 김성훈 시인과 같은 인문학자에게 발견되어 그의 우리 시문학 사상(史上) 흔치 않은 조술주의 연작 서술시의 주인공으로 시미학 형상화에 크게 기여하는 인간상(人間像)이 된 것이다. 결국 이 아름다우신 할매를 있게 한 존재가 있으니, 이제 김성훈 조술주의 서술시의 절창(絕唱) 한 편을 더 숙독하는 것으로 글길을 갈음코자 한다.

할매의 장독대
홀로 춤추는 나비
먼저 가신 할배이신가

텃밭에서
부엌에서도
춤추며 할매 뒤만 따른다

어서 가라고
나도 곧 갈 테니
할매 쫓아 보내도

할매의 비녀 끝
살며시 내려앉는다
할매 내음 정겹다 하시며

—「할매 나비」 전문

이제 우리는 김성훈 조술주의 서술시의 미학이 우리 인간 정신의 최상의 정점인 형이상학적 고지를 한 마디의 아름다운 존재적 영원성에 도달해 있음을 보고 있음이다. 참으로 이 할매, 할배의 백년해로는 아무에게나 찾아와 줄 행복이 아닐 터이다. 김성훈 시의 이 뛰어난 미학 속 인인애(隣人愛)의 예술가 할매처럼 아름다운 여인도 없겠으려니와 이로써 김성훈 시인은 이 땅에 영구히 변치 않을 조술시 미학 창조의 선구자가 되었음을 경하해 마지 않는 바이다.

2013년 11월
서울 삼개나루 수당헌(樹堂軒)에서
석란사(石蘭史) 씀.

문학세계대표작가선 698

할매 바람

김성훈 시집

인쇄 1판 1쇄 2013년 11월 18일
발행 1판 1쇄 2013년 11월 25일

지 은 이 : 김성훈
펴 낸 이 : 金天雨
펴 낸 곳 : 도서출판 天雨
등 록 : 1992. 2. 15. 제1-1307호
주 소 : 서울시 성동구 무학봉28길 6 금용빌딩 2F(하왕십리동 966-23)
전 화 : 02)2298-7661
팩 스 : 02)2298-7665
http://www.moonhaknet.com
E-mail : chunwo@hanmail.net

값 8,000원

ISBN 978-89-7954-549-4